BEI GRIN MACHT SICH WISSEN BEZAHLT

- Wir veröffentlichen Ihre Hausarbeit, Bachelor- und Masterarbeit

- Ihr eigenes eBook und Buch - weltweit in allen wichtigen Shops

- Verdienen Sie an jedem Verkauf

Jetzt bei www.GRIN.com hochladen und kostenlos publizieren

Bibliografische Information der Deutschen Nationalbibliothek:

Die Deutsche Bibliothek verzeichnet diese Publikation in der Deutschen National-
bibliografie; detaillierte bibliografische Daten sind im Internet über http://dnb.d-
nb.de/ abrufbar.

Dieses Werk sowie alle darin enthaltenen einzelnen Beiträge und Abbildungen
sind urheberrechtlich geschützt. Jede Verwertung, die nicht ausdrücklich vom
Urheberrechtsschutz zugelassen ist, bedarf der vorherigen Zustimmung des Verla-
ges. Das gilt insbesondere für Vervielfältigungen, Bearbeitungen, Übersetzungen,
Mikroverfilmungen, Auswertungen durch Datenbanken und für die Einspeicherung
und Verarbeitung in elektronische Systeme. Alle Rechte, auch die des auszugsweisen
Nachdrucks, der fotomechanischen Wiedergabe (einschließlich Mikrokopie) sowie
der Auswertung durch Datenbanken oder ähnliche Einrichtungen, vorbehalten.

Impressum:

Copyright © 2015 GRIN Verlag
Druck und Bindung: Books on Demand GmbH, Norderstedt Germany
ISBN: 9783668671331

Dieses Buch bei GRIN:

https://www.grin.com/document/418160

Anonym

Data-Mining. Erkenntnisgewinn aus Datenanalyse

GRIN Verlag

GRIN - Your knowledge has value

Der GRIN Verlag publiziert seit 1998 wissenschaftliche Arbeiten von Studenten, Hochschullehrern und anderen Akademikern als eBook und gedrucktes Buch. Die Verlagswebsite www.grin.com ist die ideale Plattform zur Veröffentlichung von Hausarbeiten, Abschlussarbeiten, wissenschaftlichen Aufsätzen, Dissertationen und Fachbüchern.

Besuchen Sie uns im Internet:

http://www.grin.com/

http://www.facebook.com/grincom

http://www.twitter.com/grin_com

FOM Hochschule für Ökonomie & Management Essen
Standort: Aachen
Studiengang: Wirtschaftsinformatik
Semester: 3

Seminararbeit zum Thema:

Data Mining

Erkenntnisgewinn

aus Datenbergen

Modul: Datenbankmanagement
Abgabedatum: 27.03.2016

Inhaltsverzeichnis

Abkürzungszeichnis

KDD	Knowledge Discovery in Databases
OLAP	On-Line Analytical Processing

Abbildungsverzeichnis

1 Einleitung

1.1 Motivation

Diese Seminararbeit befasst sich mit dem Thema Data Mining und verfolgt das Ziel, einen Einblick in die Thematik, deren Umfang. Außerdem einen Ausblick auf die sich ergebenen Möglichkeiten. Gerade durch die wachsende Menge an anfallenden Daten in Unternehmen, aber auch dank das Wachstum des Web, sowie die große Popularität von Social Media Plattformen, gewinnt diese Form der Datenanalyse immer mehr an Bedeutung. Wo Data Mining früher nur für große Unternehmen interessant war, ist dieses heutzutage auch für mittelständische Unternehmen ein Begriff.

1.2 Aufbau

In dieser Seminararbeit, erfolgt nach einer kurzen Definition von Data Mining die Einordnung in den KDD-Prozess (Knowledge Discovery in Databases) sowie eine knappe Abgrenzung zu OLAP (On-Line Analytical Processing).

Darauf folgt eine Erläuterung des Data Warehouse, welches die zumeist verwendete Datenbasis beim Data Mining ist und im Anschluss daran werden die Standard Methoden des Data Mining sowie zwei spezielle Abwandlungen, das Text Mining und das Webmining erläutert.

2 Grundlagen

2.1 Definition von Data Mining

Der Duden definiert Data-Mining als „[halb] automatische Auswertung großer Datenmengen zur Bestimmung bestimmter Regelmäßigkeit, Gesetzmäßigkeiten und verborgener Zusammenhänge". (Bibliographisches Institut GmbH). Als Metapher wird dabei oft die Vorstellung eines Bergarbeiters verwendet, der in zusammenhanglosen Datenbeständen nach Diamanten schürft, also im Fall von Data-Mining mithilfe von Algorithmen nach interessanten Mustern sucht, aus denen sich Aussagen ableiten lassen und damit Wissen entsteht. Diese Muster können auch bis dato noch nicht bekannte Zusammenhänge aufdecken. Zu beachten gilt, dass es sich bei Data Mining um einen Teilprozess des „Knowledge-Discovery-in-Databases"-Prozesses. Das schlussendlich generierte Wissen kann beispielsweise einem Unternehmen als Grundlage beziehungsweise als Unterstützung für strategische Entscheidungen dienen handelt (Prof. Dr. Lackes & Dr. Siepermann; Prof. Dr. Lackes).

Zu differenzieren gilt es hierbei, dass beim Data-Mining grundsätzlich keine neuen Daten geschaffen werden, sondern der Begriff ausschließlich die Gewinnung von Wissen aus schon vorhanden Daten bezeichnet. Dabei wird nach Mustern gesucht, die auch bisher unbekannte Zusammenhänge aufdecken können.

2.2 KDD - Knowledge Discovery in Databases

KDD bezeichnet einen Datenanalyseprozess zur Gewinnung von Informationen durch die Analyse von Datenbeständen. Der Kernpunkt des Prozesses ist die Anwendung von Data Mining. Beim KDD-Prozess handelt es sich um ein iteratives und interaktives Verfahren, denn bei der Analyse von Daten ist es notwendig, die Vorgehensweise nach jedem Schritt anhand des jeweils vorliegenden Resultats zu entscheiden. Aus diesem Grund ist es unerheblich, dass der Anwender ein solides Verständnis aus dem Fachbereich der zu analysierenden Daten hat.

Bei einem KDD-System handelt es sich um ein interaktives Werkzeug zur Analyse von Datenbeständen, bei dem es sich nicht um ein vollautomatisches System handelt. Schlussendlich hängt es vom Anwender ab, dass dieser die Ergebnisse und Muster interpretiert, auswertet und gezieltere Analysen starten kann. (vgl. Mannila, 1996, p. 3-4)

Grundsätzlich gibt es beim KDD-Prozess mehrere anerkannte Vorgehensmodelle, die sich insbesondere durch ihre Detailliertheit unterscheiden. Ein allgemeingültiges Vorgehensmodell gibt es nicht (vgl. Chamoni & Gluchowski, 2006, p. 246).

Im Folgenden werden fünf Schritte für die Suche nach Wissen in den Daten beschrieben. Zu beachten dabei ist, dass von jedem Schritt aus, nicht nur ein Schritt nach vorne, sondern auch zu einem der vorherigen Schritten zurückgegangen werden kann. Einzelne Schritte können sich sogar, je nach Resultat, wiederholen (vgl. Mannila, 1996, p. 2-3).

1. „understanding the domain"
   Der Anwender muss sich in dem Bereich, aus dem Daten analysiert werden sollen, auskennen beziehungsweise sich, sofern notwendig, entsprechendes Fachwissen aneignen (vgl. Mannila, 1996, p. 2-3).

2. „preparing the data set"
Hierbei werden die Quellen ausgesucht, heterogene Datenbestände integriert und Fehler in diesen bereinigt. Fälle in denen dieser Schritt 80% der Gesamtzeit des KDD-Prozesses benötigen, sind keine Seltenheit (vgl. Mannila, 1996, p. 2-3).

3. „discovering pattern (data mining)
An diesem Punkt angekommen, ist es das Ziel, Zusammenhänge aus den vorhandenen Daten zu erkennen.
Daher wird Data Mining, welches den Hauptkern des KDD-Prozess darstellt, oft als Synonym für diesen verwendet. Beim Data Mining können verschiedene Methoden eingesetzt werden, um den Datenbestand zu analysieren (vgl. Mannila, 1996, p. 2-3).

4. „post processing of discovered patterns"
Nachdem Zusammenhänge entdeckt wurden, ist es die Aufgabe des Anwenders, die Ergebnisse zu interpretieren, Aussagen aus diesen abzuleiten und zu erkennen, welche Parameter-Veränderungen bei zukünftigen Analysen notwendig sein werden (vgl. Mannila, 1996, p. 2-3).

5. „putting the results into use"
Hiermit ist gemeint, dass explizit Wissen aus den ermittelten Mustern extrahiert wird, welches einen weiteren Nutzen für den Anwender oder das Unternehmen hat (vgl. Mannila, 1996, p. 2-3).

2.3 OLAP in Abgrenzung zum Data-Mining
Ein weiteres Instrument neben dem Data Mining ist „On-Line Analytical Processing", abgekürzt OLAP. Anders als beim Data Mining, welches anhand von Algorithmen automatisch nach Mustern sucht, tritt der Anwender bei OLAP mehr in Interaktion mit dem System, indem gezielt Abfragen gestartet werden. Er stellt Hypothesen auf und versucht diese mittels Anfragen an das OLAP-System zu bestätigen beziehungsweise zu widerlegen (vlg. Baragoin, et al., 2001, p. 18).
Data Mining ermittelt also Verhältnismäßigkeiten, während es sich bei OLAP um eine Aggregation von Daten handelt (vgl. Mena, 2000, p. 74ff).

Bei Data Mining handelt es sich um eine Ergänzung zum OLAP. Mit Data Mining Methoden aufgestellte Hypothesen können beispielsweise durch OLAP Methoden verifiziert werden (vgl. Knobloch & Weidner, 2000).

2.4 Data Warehouse

Eine grundlegende Voraussetzung für das Data Mining und OLAP ist das Vorhandensein eines Datenbestands, zum Beispiel in Form eines Data Warehouse (vgl. Baragoin, et al., 2001, p. 21-22; vgl. Fayyad & Uthurusamy, 1996, p. 40).

Es handelt sich um eine Datenbank, welche losgelöst von operativen Systemen eine Momentaufnahme des Datenbestands mehrerer homogener operativer Datenbanken eines Unternehmen darstellt.

Dadurch, dass es sich um eine Momentaufnahme handelt, ändern sich die Daten des Data Warehouses nicht. Die nicht Veränderbarkeit der Daten führt dazu, dass unabhängig vom Abfragezeitpunkt bei Verwendung der gleichen Abfrage-Parameter, immer dasselbe Abfrage-Resultat herauskommt. Damit sind Auswertungen reproduzierbar und nachvollziehbar, wodurch sich das Data Warehouse optimal für Analysen eignet (Prof. Dr. Lackes & Dr. Siepermann).

Während ein operatives System zusätzlich, zumeist nach seiner Funktion ausgerichtet ist, handelt es sich beim Data Warehouse um ein themenorientiertes, nach betriebswirtschaftlich relevanten Themen aufgebautes System, welches alle relevanten operativen Datenquellen in einer Datenbank zusammenführt (vgl. Benander, et al., 2000, p. 75).

Zusammengefasst besteht ein Data Warehouse aus den drei Elementen Datenmanagement, Datenorganisation und Datenauswertung inklusive Aufbereitung. Datenmanagement ist dabei die Transformation der Daten in ein für das Data Warehouse nutzbares Format, während sich die Datenorganisation mit der physikalischen Datenspeicherung, der logischen Ablage und der Datenstruktur befasst. Die Auswertung erfolgt dabei über OLAP oder Data Mining Verfahren. Diese sind auf vorhandene große Datenbanken angewiesen, weshalb ein Data Warehouse oft als Datenbasis verwendet wird (vgl. Kollmann, 2013, p. 356-357).

3 Data Mining

3.1 Unterteilung der Data Mining Ziele

Welche Ziele die Wissensgewinnung hat, wird vom jeweils verwendeten System entschieden. Dabei werden zwei wesentliche Arten von Ziele unterschieden, die „Überprüfung" und die „Entdeckung". Letzteres wird dabei noch einmal in „Prognose" und „Beschreibung" unterteilt (vgl. Fayyad & Uthurusamy, 1996, p. 43).

1. Die Überprüfung / Verfication
2. Die Entdeckung / Discovery
   a. Prognose / Prediction
      => „What could happen?" (Halo Business Intelligence, 2014)
   b. Beschreibung / Description
      => „What has happen?" (Halo Business Intelligence, 2014)

Bei ersterem handelt es sich rein um das Überprüfen von Hypothesen des Anwenders. Dabei weiß der Anwender recht genau, was er überprüfen möchte und passt seine Anfrage entsprechend an.

Bei „Entdeckung" wiederum handelt es sich um die suche nach unbekannten Mustern im vorliegenden Datenbestand. Dieser Punkt kann unterteilt werden in Prognose und Beschreibung (vgl. Fayyad & Uthurusamy, 1996, p. 43).

„Prognose" ist die Suche nach Mustern, um Aussagen für das wahrscheinliche zukünftige Verhalten bestimmter Einheiten zu finden. Gleichzeitig lassen sich mit den Ergebnissen Voraussagen darüber machen, welche Auswirkungen die Veränderung gewisser Parameter hat. „Beschreibung" wiederum stellt dem Benutzer in einer für Menschen interpretierbaren Form dar, was in der Vergangenheit geschehen ist und wie die Daten mit anderen in Zusammenhang stehen (vgl. Halo Business Intelligence, 2014; vgl. Fayyad & Uthurusamy, 1996, p. 43-44).

Während „Prognose" damit ein Blick in die Zukunft ist, handelt es sich bei „Beschreibung" um einen Blick in die Vergangenheit mit dem Ziel, aus dieser für zukünftige Entscheidungen zu lernen (vgl. Fayyad & Uthurusamy, 1996, p. 43-44).

Die Ziele von Prognose und Beschreiben liegen dabei sehr nah beieinander. Während zusammengefasst ersteres versucht, anhand von vorliegenden Daten zu ermitteln, wie sich bestimmte Parameter in der Zukunft entwickeln werden, ist es das Ziel von letzterem für Menschen interpretierbare Muster zu finden (vgl. Fayyad & Uthurusamy, 1996, p. 43-44)

Ein weiterer hinzufügbarer Punkt ist „Prescriptive", zu deutsch „Verordnend". Hierbei soll durch Data Mining das System vorschlagen, welche Entscheidungen zu treffen sind und vorausgesehen werden, welche Auswirkungen diese in der Zukunft haben. Größere Unternehmen können hiermit beispielsweise Ihre Produktion verbessern, indem genau genommen das Data Mining mit dem Supply Chain Management gekoppelt wird. Dadurch kann das System vorgeben oder empfehlen, wann welche Ressource wo benötigt wird (vgl. Halo Business Intelligence, 2014).

3.2 Data Mining Methoden

Um die Ziele des Data Minings zu erreichen gibt es mehrere Methoden, die angewendet werden. Im weiteren Verlauf wird dabei auf die Methoden *Clustering* zu deutsch Segmentierung, *Klassifizierung*, *Regression* und *Assoziationsanalyse* eingegangen.

Bei der **Segmentierung** werden die Daten analysiert und anschließend in verschiedene Kategorien (Cluster) und Unterkategorien eingeordnet. Die einem Cluster zugeordneten Daten teilen sich eine bestimmte Anzahl von Eigenschaften (vgl. Fayyad & Uthurusamy, 1996, p. 44-45).

Ein anderer Ansatz stellt die **Klassifikation** dar. Hierbei werden eine Menge an Daten charakteristisch beschrieben. Im Gegensatz zur Segmentierung werden nicht neue Kategorien gesucht, sondern die Daten bzw. Objekte werden schon bestehenden Klassen zugeordnet. Weiterhin ist die Erstellung von Klassifikationsregeln möglich, wie zum Beispiel die Angabe ab wann jemand ein guter Kunde ist (vgl. Fayyad & Uthurusamy, 1996, p. 44).

Die **Regressionsanalyse** verfolgt das Ziel, anhand von Bestandsdaten zu ermitteln, wie sich Daten zukünftig verändern werden. Hierfür wird zeitlich betrachtet, wie die Werte sich in der Vergangenheit verhalten haben und daraus eine Prognose für die Zukunft erstellt (vgl. Fayyad & Uthurusamy, 1996, p. 44; vgl. Gentsch, 2012, p. 15).

Die **Assoziationsanalyse** untersucht die Daten dahingehend, ob Beziehungen zwischen den Daten zu erkennen sind. Damit wird das Ziel verfolgt, sogenannte Assoziationsregeln zu formulieren, welche in der Datenbank auftretende Muster beschreiben. Ein allgemein bekanntes Beispiel hierzu ist die Warenkorbanalyse. So werden Zusammenhänge gesucht, die darstellen, dass Kunden, welche Produkt A gekauft haben, auch Produkt B kauften (vgl. Gentsch, 2012, p. 15).

Abb. 1 zeigt das Ergebnis beim Online-Händler Amazon, der dem Kunden zum gewählten Produkt Empfehlungen gibt, welches Zusatzprodukt benötigt werden könnte. In der Darstellung wurde ein Notebook von Microsoft ausgewählt. So gibt Amazon dem Kunden hier den Hinweis, dass das Produkt oft zusammen mit ergänzenden Produkten, wie einer Tasche, gekauft wird und gleichzeitig viele Kunden die das Produkt kauften, zu einem späteren Zeitpunkt ein bestimmtes anderes Produkt nachgekauft haben.

Abb. 1: Screenshot von amazon.de, erstellt am 20.03.2016

3.3 Spezielle Data Mining Methoden

Im Folgenden werden zwei spezielle Methoden des Data Mining behandelt. Sowohl beim Textmining als auch beim Webmining gilt es zu beachten, dass mitunter ähnliche Algorithmen verwendet werden, wie sie auch bei den schon erläuterten allgemeinen Methoden Verwendung finden. Diese sind dann jedoch explizit auf das Einsatzszenario angepasst. Auch arbeiten diese speziellen Methoden nicht überlappungsfrei.

Ein Beispiel ist das hier in dieser Seminararbeit nur am Rande erwähnte Opinion Mining. Dieses ist auf die Nutzung von dem im Folgenden beschrieben Text Mining angewiesen (vgl. Kaiser, 2014, p. 91).

3.3.1 Text Mining

Anders als bei den bisher behandelten Methoden des Data Mining, die auf intern verfügbare Quellen wie das Data Warehouse zugreifen, wird beim Text Mining zumeist auf extern liegende Datenbestände zurückgegriffen. Wie aus dem Namen schon hervorgeht, wird Text analysiert, der mitunter aus Webquellen stammen kann. Text Mining findet insbesondere Anwendung bei unstrukturierten Daten, also bei Daten zu denen es keine beschreibenden Informationen in Form von Meta-Daten gibt (vgl. Gentsch, 2012, p. 18).

Das dabei verfolgte Ziel ist Zusammenhänge und Wissen aus Texten zu extrahieren (vgl. Kaiser, 2014, p. 91).

Text Mining ermöglicht dabei die Erkennung von Stimmungen und auch die Identifizierung von Trends. Als Datenquelle dienen sowohl Foren als auch soziale Medien wie Facebook. Dadurch kann das Unternehmen ermitteln, wie Kunden oder Kundengruppen auf Produkte beziehungsweise Produktfeatures reagieren und dies in die Entscheidung für zukünftige Entwicklungen einfließen lassen. Zu beachten ist dabei, dass die Grenze nicht bei den eigenen Produkten liegt, sondern darüber hinaus auch die Konkurrenz und die Reaktion der Kunden auf Konkurrenzprodukte analysiert werden kann (Goram, 2015).

Vor der Nutzung von Analyse-Algorithmen, die zum Beispiel aus dem Bereich Segmentierung und Klassifikation stammen können, müssen die Daten aufbereitet werden (vgl. Kaiser, 2014, p. 91). Hierfür erfolgt „(...) eine linguistische bzw. statistische Vorverarbeitung des Textes und eine Anwendung von Analysealgorithmen. Bei der Vorverarbeitung wird der Text in seine Bestandteile (Sätze, Wörter) zerlegt und hinsichtlich Syntax (Grammatik) und Se- mantik (Bedeutung) untersucht" (Kaiser, 2014, p. 91)

Wie schon angedeutet, ist es durch das Text Mining auch möglich, zu erkennen, ob Aussagen positiv oder negativ gemeint sind. Dadurch können nicht nur Stimmungen zu einzelnen Produkten erkannt werden. Dafür wird der unstrukturierte Text analysiert und entsprechend klassifiziert, um die enthaltenen Wörter einer Domäne (z.B. Städtenamen und Produktnamen) oder einem Wörterbucheintrag, in welchem dem Wort Eigenschaften zugewiesen wurden, zuzuordnen (vgl. Thomson, 2014, p. 28-29).
Wie das Ergebnis anhand eines Beispielstextes aussehen kann, ist in der Abb. 2 von

---

Nachricht 1: Die Produkte von A.B.C. sind voll klasse, oder?

Nachricht 2: Ich weiß nicht, ob ich lieber zu ABC oder XYZ gehen sollte.

Nachricht 3: Heute war ich vom Service bei abc ziemlich enttäuscht obwohl er sonst ziemlich gut ist.

Nachricht 4: Bei ABC GmbH bekommst du längst keine so gute Qualität wie bei XYZ AG.

Firmennamen Sentiment-Hinweise Bindeworte Kontext Änderung

Abb. 2: Beispiel Text Mining (vgl. Thomson, 2014, p. 28).

Der Autobauer Ford nutzt beispielsweise das Text Mining zur Analyse von Social Media Beträgen. Damit ist es möglich, die Zufriedenheit / Kritikpunkte der Kunden automatisiert zu erfassen und in zukünftige Planungen einfließen zu lassen. Laut Ford Chef Techniker Michael Cavaretta sind die Möglichkeiten von Text Mining Algorithmen so umfassend, dass diese nicht mehr mit der traditionellen Marktforschung vergleichbar sind (vgl. Mcnulty, 2015).

Bei dem behandelten Beispiel von Ford, handelt es sich um Anwendung des Text Minings für das Opinion Mining. Dieses setzt den Kunden in den Mittelpunkt, indem analysiert wird, wie der Kunde auf einzelne Produkteigenschaften reagiert (vgl. Kaiser, 2014, p. 91).

Ein weiteres Beispiel, welches die Mächtigkeit von Data Mining in Bezug auf Text Mining darstellt, behandelt das 2001 pleite gegangene US Energieunternehmen Enron. Von diesem wurden nach dessen Pleite 517.431 E-Mails aus den letzten vier Jahren des Unternehmens veröffentlicht. Davon ausgehend, dass Mitarbeiter die betrügen und illegal handeln eine andere Wortwahl verwenden als ehrliche Mitarbeiter, startete der Informatiker Parambir Singh Keila eine Text Mining Analyse über alle veröffentlichten E-Mails. Das Ergebnis war, dass viele E-Mails erkannt wurden, die bei der näheren Betrachtung als Verdächtig eingestuft werden konnten (Dambeck, 2005).

3.3.2 Webmining

Wie sich schon aus dem Begriff Webmining herleitet, dient hier das Web selber als Datenquelle. Durch die Kombination von Data Mining und dem Web sollen die Daten des Webs mithilfe von speziell angepassten Data Mining Algorithmen analysiert und neues Wissen extrahiert werden. Dabei gibt es die drei Teilbereiche „Content Mining", „Structure Mining" und „Usage Mining".

Beim **Usage Mining** wird das Verhalten eines Webseiten-Benutzers analysiert. Dies betrifft sowohl die Navigation, Klicks, die Dauer eines Seitenbesuchs und auch in welcher Reihenfolge Seiten einer Webseite aufgerufen werden. Die Fragen, die sich hier beispielsweise stellen, sind, wie der Benutzer über die Seite navigiert und welche Inhalte einer Seite den Benutzer zu welcher Tätigkeit führen. Auch können Beziehungen zwischen Seiten aufgedeckt werden, die vorher nicht bekannt waren. Die Daten hierfür können beispielsweise von Zugriffslogs stammen.

Die damit erreichbaren Ziele sind eine Verbesserung der Webpräsenz und die Möglichkeit, durch die analysierten Daten ein Verständnis für bestimmte Benutzergruppen aufzubauen, wodurch diese gezielt angesprochen werden können (vgl. Stoffel, 2014, p. 11-13).

Anders als bei dem Usage Mining, geht es beim **Content Mining** darum, die Internetseiten bezüglich des Inhalts zu analysieren und zu kategorisieren. So befinden sich auf einer Seite neben dem Text auch mehrere multimediale Inhalte wie Bilder, Videos und auch Hyperlinks zu weiteren Webseiten. Die Einteilung des Webinhalts in einzelne Kategorien erfolgt dabei unter anderem auch durch speziell angepasste Algorithmen aus dem Bereich der Segmentierung und Klassifikation. Es wird dabei zwischen unstrukturierten und strukturierten Dokumenten unterschieden. Bei letzteren gibt es sogenannte Tags, die als Meta Daten dienen, um den Inhalt zu beschreiben. Unstrukturierte Dokumente wiederum haben diese Angaben nicht. Die Einordnung erfolgt anhand der Auswertung des Textinhaltes. Der Inhalt dieser Dokumente wird anhand von Statistiken beschrieben, welche auf den vorkommenden Worten basieren (vgl. Walther, 2001, p. 17).

Die dritte hier vorgestellte Unterteilung des Webminings ist das **Structure Mining**. Vorstellbar ist dies als eine Abbildung, die ähnlich zu einer Mindmap, eine Seite im Zentrum hat. Auf diesen Mittelpunkt zeigen viele andere Seiten, was im Internet in Form vom Links geschieht. Somit ist ersichtlich, welche Seiten auf eine bestimmte Seite zeigen. Dieses kann mittels eines Graphen dargestellt werden, der dann visualisiert anzeigt, welche Webseiten auf eine bestimmte Seite zeigen.

Eine Anwendung des Structure Minings besteht daraus, zu zählen, wie oft eine Seite verlinkt wurde, um schätzen zu können wie hoch die Relevanz und die Qualität des Seiteninhalts ist. Je öfter eine Seite also verlinkt wurde, desto höher ist die berechnete Relevanz und auch die Wahrscheinlichkeit, dass diese qualitativ sehr hochwertig ist.

Ein allseits bekanntes Beispiel, welches dieses Verfahren nutzt, ist die Suchmaschine Google. Diese berechnet anhand der Anzahl der Verlinkungen auf eine Webseite einen sogenannten „RageRank" (vgl. Stoffel, 2014, p. 11).

4 Fazit und Ausblick

Data Mining bietet den Unternehmen die Möglichkeit, aus den vorliegenden Daten Wissen zu extrahieren. Die Chancen, die sich daraus ergeben sind enorm.

Auf der Hand liegt die Anwendung von Data Mining Algorithmen zur Suche nach Mustern in den Datenbeständen des jeweiligem Data Warehouses. Aber auch die

Zuordnung von Kunden zu Interessengruppen ermöglicht es Unternehmen, diese exakt auf deren Bedürfnisse abgestimmt anzusprechen.

Wie das Ford Beispiel zeigt, ist es zusätzlich möglich, die Stimmung der Kundschaft zu erfassen und diese sowohl mit den eigenen Produkten als auch denen der Konkurrenz in Zusammenhang zu bringen. Aber nicht nur Unternehmen können dies für Ihre Kundschaft benutzen.

Einen Schritt weitergedacht, ist Data Mining eine Option, um die Stimmung der Wählerschaft in Bezug auf politische Entscheidungen zu prüfen. Wie der Fall Enron zeigt, kann durch die Analyse von E-Mails durch Data Mining Methoden die eigene Belegschaft in Bezug auf die Stimmung, des aufgebauten Netzwerks und betrügerischen Gedankenguts abgeprüft werden. In dem Beispiel wurde dies zwar nach dem Untergang einer Firma gemacht, aber es ist nicht auszuschließen, dass Data Mining Methoden auch grundsätzlich als Analysewerkzeuge bei noch agierenden Unternehmen verwendet werden, um eine Übersicht über die eigenen Mitarbeiter zu erhalten.

Viele Bereiche sind denkbar oder auch schon angedacht, in denen Data Mining zu erheblichen Fortschritten führen wird.

Bemerkenswert ist auch Apples Einsatz unter dem Titel Health Care. Die Tatsache, dass es laut dem Apple CIO Tim Cook über eine Milliarde aktiver Apple Geräte (Zahl aus Apple Keynote, März 2016) gibt, hinter denen sich potentielle „Datenspender" für Gesundheitsdaten stehen, lässt erahnen, welche Chancen, neben den Risiken, bestehen. Inwiefern sich dies in Zukunft mit dem Datenschutz vereinbaren lässt, sei dahingestellt.

Das Fass, dass sich hier öffnet beziehungsweise schon lange offensteht, hat mit bloßen Augen keinen erkennbaren Boden. Dabei sei allein an die Masse anfallender Daten gedacht, die in Zukunft durch das Internet der Dinge entsteht.

5 Literaturverzeichnis

Baragoin, C. et al., 2001. *Mining Your Own Business in Banking.* 1 Hrsg. California: IBM Corporation, International Technical Support Organization.

Benander, A., Benander, B., Fadlalla, A. & Gregory, J., 2000. Data Warehouse Administration and Management. *Information Systems Management,* 1 1, pp. 71-80.

Bibliographisches Institut GmbH, kein Datum *duden.de.* [Online] Available at: http://www.duden.de/rechtschreibung/Data_Mining [Zugriff am 10 03 2016].

Chamoni, P. & Gluchowski, P., 2006. *Analytische Informationssysteme — Einordnung und Überblick.* 3 Hrsg. Berlin: Springer Berlin Heidelberg.

Dambeck, H., 2005. *Data-Mining: 500.000 E-Mails erzählen Geschichte der Enron-Pleite.* [Online] Available at: http://www.spiegel.de/netzwelt/tech/data-mining-500-000-e-mails-erzaehlen-geschichte-der-enron-pleite-a-360745.html [Zugriff am 24 03 2016].

Fayyad, U. & Uthurusamy, R., 1996. Data Mining and Knowledge Discovery in Databases.. *Communications of the ACM,* 11, Band 39.

Gentsch, P., 2012. Data Mining im Controlling — Methoden, Anwendungsfelder und Entwicklungsperspektiven. *Controlling und Management,* Issue 2, pp. 14-23.

Goram, M., 2015. *Opinion Mining als Instrument der Unternehmensentwicklung.* [Online] Available at: http://www.computerwoche.de/a/opinion-mining-als-instrument-der-unternehmensentwicklung,3210896,2 [Zugriff am 22 03 2016].

Halo Business Intelligence, 2014. *halobi.com.* [Online] Available at: https://halobi.com/2014/10/descriptive-predictive-and-prescriptive-analytics-explained/ [Zugriff am 20 03 2016].

Kaiser, C., 2014. Opinion Mining im Web 2.0 — Konzept und Fallbeispiel. *HMD Praxis der Wirtschaftsinformatik,* 46(4), pp. 90-99.

Knobloch, B. & Weidner, J., 2000. Eine kritische Betrachtung von Data Mining-Prozessen — Ablauf, Effizienz und Unterstützungspotenziale. In: R. Jung & R. Winter, Hrsg. *Data Warehousing 2000: Methoden, Anwendungen, Strategien.* Heidelberg: HD, Physica-Verlag, pp. 345-365.

Kollmann, T., 2013. *E-Business: Grundlagen elektronischer Geschäftsprozesse in der Net Economy.* 5 Hrsg. Berlin: Springer Gabler.

Mannila, H., 1996. Data Mining: Machine Learning, Statistics, and Databases. *SSDBM '96 Proceedings of the Eighth International Conference on Scientific and Statistical Database Management,* 18 06, pp. 2-9.

Mcnulty, E., 2015. *HOW BIG DATA BROUGHT FORD BACK FROM THE BRINK.* [Online] Available at: http://dataconomy.com/how-big-data-brought-ford-back-from-the-brink/ [Zugriff am 2016 03 06].

Mena, J., 2000. *Data Mining und E-Commerce.* 1 Hrsg. Düsseldorf: Symposion Publishing.

Prof. Dr. Lackes, R. & Dr. Siepermann, M., kein Datum *wirtschaftslexikon.gabler.de.* [Online] Available at: http://wirtschaftslexikon.gabler.de/Archiv/56463/data-warehouse-v11.html [Zugriff am 2016 03 15].

Prof. Dr. Lackes, R., kein Datum *wirtschaftslexikon.gabler.de*. [Online]
Available at: http://wirtschaftslexikon.gabler.de/Archiv/57691/data-mining-v8.html
[Zugriff am 2016 03 15].
Stoffel, K., 2014. Web + Data Mining = Web Mining. *HMD Praxis der Wirtschaftsinformatik*, 46(4).
Thomson, C., 2014. Text Mining im Kontext von Big Data. *BI-SPEKTRUM* , 03, pp. 28-31.
Walther, R., 2001. Web Mining. *Informatik-Spektrum*, 24(1).

BEI GRIN MACHT SICH IHR WISSEN BEZAHLT

- Wir veröffentlichen Ihre Hausarbeit,
  Bachelor- und Masterarbeit

- Ihr eigenes eBook und Buch -
  weltweit in allen wichtigen Shops

- Verdienen Sie an jedem Verkauf

Jetzt bei www.GRIN.com hochladen
und kostenlos publizieren

www.ingramcontent.com/pod-product-compliance
Lightning Source LLC
La Vergne TN
LVHW042319060326
832902LV00010B/1601

* 9 7 8 3 6 6 8 6 7 1 3 3 1 *